Copyright © 2019 Brain Training.

All rights reserved. No part of this publication may be reproduced, distributed or transmitted in any form or by any means, including photocopying, recording, or other electronic or mechanical methods, without the prior written permission of the publisher, except in the case of brief quotations embodied in critical reviews and certain other non-commercial uses permitted by copyright law.

Any images used in the production of this book have come from one or several of the following sites: Shutter Stock, Getty Images, Pixabay and Pexels.

Trademarked names appear throughout this book. Rather than use a trademark symbol with every occurrence of a trademarked name, names are used in an editorial fashion, with no intention of infringement of the respective owner's trademark. The information in this book is distributed on an "as is" basis, without warranty. Although every precaution has been taken in the preparation of this work, neither the author nor the publisher shall have any liability to any person or entity with respect to any loss or damage caused or alleged to be caused directly or indirectly by the information contained in this book.

Puzzle 1

3								7
	4		7					
9		5	2	8				3
7			4	2	1	9	6	
6					8		2	4
2		4		7	5	3	8	
8	3		5			4		
				3				
5	6			4	9			2

Puzzle 2

9		7	1			2	3	
	2	8			3	9		1
3	5				6	4		7
8				2			5	3
		6				1		4
	9			3	4			8
		2		7				6
				6			4	
	8		4	1				2

Puzzle 3

	2		7	8	4			
3				1		8	2	7
8				3	9	4	1	6
9					3		6	
			9	2			7	
4	3							
7	5		8			6	4	
		9	1	6		7		
1		6	3	4		2		

Puzzle 4

4			8		5	3		
3						6		
				2			4	
2	4			5	6			7
9	1	5					8	
6		7		8	9	1	2	5
1	6	3	5	9	2			
			3			2		1
8		4						

Puzzle 5

		2	4			6		
9	4			8		3		
	3	8					4	1
2		4		9		1		7
7		6				8		
	9		8	6		4	2	
4	2	1				9		
			9					4
				1			7	

Puzzle 6

	8	9		2	6			7
			8	1		6		
	6		4			2		
		2	3					
				7	1	9		3
	1	6		9				
						8		6
	4	7				1		
8				6	3	4	9	

Puzzle 7

5				2				
3				9		1		
						2		3
			2	7	8		9	
8	2		4		9		5	
		4		3				
	1		9					8
2			5					6
	7			1	6			

Puzzle 8

	1			7				8
		2	8	6		9		
8	5	9	1				6	3
9	8		4		7		2	
		7			9	4		
		5	6		8		9	
						5		4
2	7	8			1			9
5		1	3	9				2

Puzzle 9

					4			3
	6		5		3	8	2	
3			7		8			
1						2		9
	9	3		7	2		4	
	4							
	8				6	3		
4		1	2		7	6		
5						7		

Puzzle 10

	4	6	2	7			5	1
7	2		9				6	3
				6	3			2
					2		9	
	8	2	1				4	
	1	3			6	2		
		4	8	2	1	5	3	
			7	3		6		
		9	6	5				7

Puzzle 11

		5			1		9	
			9	4				7
		7		3			4	
		8			2			9
		3			8	4		
	9					1		
2						3	1	
		1		6	3		5	
5				8		2	7	

Puzzle 12

	7	9	1	4			3	
	3		5			7		
			6		7	4	9	5
3	8	1		2	5			
			8		3			
6			4	1		3	7	
2			3	7				
	4					8		
	5	3	2		4	1	6	7

Puzzle 13

				8	2			5
5								
		8	4			2		3
7	5	1		3	8	4		6
6					7	1	8	
		4			9			7
1		6		2	4	7		
	7			9			2	
			8		5		1	9

Puzzle 14

			8			7		
				5			8	9
8	7		9					
3		5				6		
1						8		
2				4	5			
			4		8	3		
		6	5	3	7		1	
9			1	6			5	

Puzzle 15

				9	2	7	8	
		8		6			5	
		1						
8				2		4	3	
4	3				5			6
	2		3				7	
3					1		9	
	5	4				2		7
			7	4	9	3		5

Puzzle 16

	4	3	6	1		9	5	7
	6					4		
	7					3		1
2	1			5				
7	5		1				4	9
3	9		4	2				
			5			8		3
4					9		7	6
		5	3				2	

Puzzle 17

			9				5	
3		9		8		4		1
4	2							9
1	9				8	5		
	8	3			5	9		7
5	7		4	9	3	1		
				2	6			
		6		5		8		4
2		5		4			9	

Puzzle 18

		2						5
3		5	9				6	
8			3				9	
4			6		7	8		
7	5	9		3		4		
				4				
5	1		7					
	8			6			2	
	4					1		

Puzzle 19

	1	5	6	3			4	
	7			9	2			
8	2				1	6	9	7
						9	5	
		9		2		7	1	8
		8		7	4	3		
	9	6						3
4					9	2		5
5			2		3	1		9

Puzzle 20

	4			1			6	
		3	4					
	2	5	3		7			9
1		4	7		9	2		
3				2			7	4
	7					9	3	
2	3	1	9	8		7		
			1		3	8		2
		8					9	

Puzzle 21

2				9	6	7		
	6	8	1			9	2	
9		7					8	6
6		4	3	5	8			2
		2	9				3	8
8						4		
4			6	3	7	8	1	
	8							
3	5		4			2	9	

Puzzle 22

9					2	7		8
7							6	
	3			6		1	5	
		7	9	1				
4					5	3	9	
				4		2		
3			5				2	6
		1		9				
				2		8		7

Puzzle 23

2		5					7	6
9		4		5	1	8		
				2				1
	9	6			5			2
3	2					1		
					7			8
	3			7	9			
6		9					8	
	4				8		6	

Puzzle 24

				4			6	1
6			8	1	9		3	
8				6	3		2	
1	6				4	2		8
9		8		2	7	6	4	
2			6	3	8	9		
			3	8				7
	8			7				6
		1	4					

Puzzle 25

9		5			8	1		3
2	1	3	9	5	6		7	
			2		3	6		
			5	8	1		9	
4	8		3		7		6	
			6			3	8	
	4		8		5		3	
			4		9	7		5
3								8

Puzzle 26

2				1	9		8	3
				2			7	
	7		4				5	2
	4			9	3			8
	6	3	5		4		9	1
		1		6		3		5
4		7	9					
		5						
	3	9	2			5	1	

Puzzle 27

	2	3		7	1	9		
7							2	
		5		4			7	
			1	6			9	
4					7	1		
3				9	4			
1	7				6	8		
5		8				2		
6			8					4

Puzzle 28

2	7		8	4			9	
				7	2			1
				9	3		7	4
1				2		9	6	
4								
		3	6			4		
8	9				7		3	2
3		6			8	7		
	1			3				

Puzzle 29

3	5			4			6	
	2							9
7		6		3		8		
9			5	1	2	6		
	1	5	3	6	4			
6						2		
1	6	7			5			
		9			3	5		
5		2			6		9	7

Puzzle 30

6	2							1
		7		5				4
9			3	1		2	6	
	5							
1		9					2	
2	3		9		5	4		
7		3		2				8
	6							
			1		8		3	

Puzzle 31

	5		1				7	2
7					9		1	
9		4						3
3	8	5			7			
	4		9	5				7
	7		3		4	1		
5		6				7		
4	3	7	5					1
	9		2			6	4	

Puzzle 32

	6	8					3	
4					8			1
				3				
			4					3
	3			5		1		
		9		6	1		2	5
		2		7			1	
8		6	2			7		
	5						6	4

Puzzle 33

	5	6						
	2	8		6	5			3
1						7	6	
		7					1	
		1	9		7	5		4
		3	2				7	8
				3			5	
3						6	2	
	7		8					9

Puzzle 34

		5	9		1			2
2	9	4			3			
7	3	1	5		2	8	9	4
			8				1	
9	2				6	5		7
1	7		3				2	8
	6					9	4	
8			6	9		7	5	
						2		

Puzzle 35

					2		6	3
3	9	8				2		7
				3			1	
		4	6				3	8
5		1		2	8			
	3	6						
2					5	3		
6		7	2	8		9		
	5	3	9		4			

Puzzle 36

	8			2		4		
				7				
		7	1		6		8	9
		2					6	4
							7	3
		4	9	8				5
9			3	1				
					7		9	
5	7	1		9	8			2

Puzzle 37

4					3			6
		2				7		5
5	8	6			7	9		3
2	5	4	7		9		3	
			4	2			6	9
9		8						
			3	9		8		
	9	5	8		4			1
		7	6		5			

Puzzle 38

	4	5		7	3			2
1	2	7	5					
	6	3						4
5					7			
2				1		4		
3	1			6	2	9		
4					6	1		5
	5		9				2	
	9					7		

Puzzle 39

			1					5
1					8	6		3
	5					4		
2								
	7			5		1	8	
		1	7	9	6			
	9			8				6
4						2	3	9
	1	3	9					8

Puzzle 40

1		4	7					
	9	7	4					2
6	2				1	8		
2		8	1		7	6		
	6		3					1
3	4				5			8
9		6	5	1			2	7
					9			
5	7		2		4	1		

Puzzle 41

			2	7				6
	2					5		4
9	4		3	5	6		2	
6		2		8			1	3
				2				
7	5		4	6		8		2
			5	1	7	3		
5		9			2		4	
		1			9			

Puzzle 42

		4	8	7	9			
			4			7	5	6
	1		3		6	9		
		8	1					3
		2			5	4	9	
4	6		9				7	
9		5	2	1	8			4
			5		3	1		7
	2							

Puzzle 43

8	6	9					2	
3		1	2	8	6			
	4		9			6		
1			5		7			8
7		3				4	5	
		4			8	7		
	5	8		1	2			4
6	3					8		
4						2	9	5

Puzzle 44

	5		3			7	2	4
	3				7			9
	9					3	6	8
2	1	5	9	3			4	
	7	6						1
			7					3
9		3	5					
		8		6		9		2
					8		3	

Puzzle 45

1				3	6			
5		3			2	6	1	9
					8			
		1			3			
9				5				7
	5		8				3	
						3		
	9						7	
8		4	3		1		6	5

Puzzle 46

	9	3		8		5		7
	1			9				
4			6					
1	3	2	5		8	9		
9		4		6		8		
5				2			4	
		6		3		1	2	8
3			8	7	6		9	
	4	9	1		2		6	

Puzzle 47

6	1		2			7	3	8
	2	9					5	
			1				9	
	4		7		9		2	
		2						
		3	5				6	4
		7			1		4	
		8		6				
3						9		6

Puzzle 48

		2	9	1		8		7
5			3		4	1		
	9							
	4	8					7	6
7			5	6				
3				8		9		
9	6		7				5	
					8	6		
		5			9			

Puzzle 49

4				9		3		7
7	2		8		4	5	9	
					7			2
		8			3	6		
5	4	3	9		2			8
			5		8			3
	5	4	3			1		
1	6						3	
	9			1			8	5

Puzzle 50

				7			3	8
8					2	6		
	4		1			5		
6						4		
1		7		2				5
9	5		7					3
3		8		4	9			
5			6			8	9	
4				5				

Puzzle 51

5		2			3		1	8
		9					2	
	6		8	2	9			
				1				2
8	7		2					
					6	8	7	
		4	1					
	3		9		2	1	4	
		6		4			8	9

Puzzle 52

	2	6	7				4	3
		4		8	2			
					3		8	
								9
6		1	9				7	5
7					1		3	
1			4		6		2	
3		2	5			7	9	4
				2	9		6	

Puzzle 53

	7	3	8	5			4	6
	9		6			1	8	5
	8	5		1		7		3
								4
4	6			7				9
	1	9		4			5	7
	4		7		3			1
3		6	4					2

Puzzle 54

	2		7		8			6
			9	2	4			1
7			5	3				
1	8				2			
			8	6	9	1		3
		9						2
2			4					9
6		1			7	8	3	5
						2		

Puzzle 55

			3	8				6
	3				2		5	
		6		1				
7				5			2	
4	6	2	8		3			
5	1		9	2	4	7	6	8
6		8				4		5
2			7		1			3
				6		9		

Puzzle 56

3	6						2	1
				2	1		9	8
	9		4	6				3
7	3				9			
9		5	1	4			3	
2			8		7	9	6	
	4			9	2	3		6
			5	1			4	
		3			4	2	1	

Puzzle 57

		3	9				1	
5		8		1	7			4
6				3				
	8				9	3	5	
9					8	1		6
		7	4		3		9	
	1		8	9		4	6	3
				4	1			
	6							

Puzzle 58

2		1			7			
	6	3				4		1
				1				
			9	6				
	5	9						2
					1	6	5	
		7					1	4
1			2	5		7	8	
					8	2		6

Puzzle 59

	6	7				5	1	3
		2	6				4	
1	8		3				6	9
4			1	9			2	
		1	8	7		4		
				4		1		8
	4	5				6		1
8	7		4		1	3	5	2
			7	3				

Puzzle 60

				4		5		
9		4				6	2	7
	5	2		9				4
2		6			1		3	8
7				3		4		
5			2					3
	2	3	7		4			5
4		1	3					

Puzzle 61

2	5		3					8
7								6
		1			8	3		9
8				3	1			4
		5		6		1		2
		7		8		4	2	
	9							
4	3	8	2	1				

Puzzle 62

6					7		4	
		2	4	1		7	6	
4			9	8	6	1		2
					8		2	
2	4	8				6		
1	3	6	2		5		9	
3	2			6				4
5				9			7	6
8		7						

Puzzle 63

	8		1				3	
	5		3	9				
			7	6	5			1
5				4	3		7	9
		1			9			
	2						6	
2					6			
					7	3	4	
7			9				5	

Puzzle 64

	8				1		6	2
		7			3		5	
						4		7
8				5	7		4	
		1		8			9	
6	7							
	9				5		2	4
	4				9	8		
7			6				1	

Puzzle 65

		2	6		7			
6			9	4		2		1
9		7	1		8	5		
	7	3			5		9	
			3				1	5
							4	7
	8			9				
		4	7	8		1		
	2		4		1		6	

Puzzle 66

			7					
9	8			2			6	7
	7				4	5		9
				4		6		5
7			2				3	
		9			5		7	4
8					6			2
			9					
6			3	5	2		1	

Puzzle 67

1		3				7		8
4	8	7			2			
	2		7					
	9	5						
		4			7	8		3
3				2				5
			2		1			9
	3		5	4	9	1		
		2	6	7				

Puzzle 68

7	5				4	9	6	
8	2			6			3	5
		6		1			2	
5	1				2	6		9
6		8		9		3		
		3		5				
	8							6
3	6	9		8	5			7
		5	6		9		8	3

Puzzle 69

	2			5	7	9		
	8			1	4			6
	6			2	8		5	
	7	3		8	1			
		9			3	7		
4			7	9	2	8	3	
	4					5		
		8			5		7	
7	3		2					9

Puzzle 70

		4		5	3			
	8	6			1	3	5	4
	5				6			
4	9	2				7		8
8				2	4			
			8	1		9		
		5		3		1		9
					2			6
	3	8	1		9			

Puzzle 71

	2							
			4		3			1
1		8						5
	8				5	3		6
	6		1				7	9
5				7		8		
6	7		9			1	8	
8								7
3		1		6	7		9	2

Puzzle 72

	7	2				5	6	
	8	9						
			7		9	3		
6		1			4		2	
		5	2			1		
	2			9				
	3	4	6		1		5	
	1	7		4				
2			5		3		4	

Puzzle 73

	5		2	4	7		3	
7								5
		4		1		8		7
				8		5	7	
9	7					6	1	
8	6	3	5		1			
				9	2			
		7		5		2		1
2	4	6				7		9

Puzzle 74

			6	8	2			9
1	5		3	7	9	4		
2		9	5					
	2	5		3		9		4
	6		4		7		5	
4								3
							2	1
5		7		4		8		6
			8					

Puzzle 75

							6	
7					1			
4	9			2		5		1
	2	6	7	1	3			8
				5			1	
				6	8			3
			5	4				
				3	2		9	6
1	4				7			

Puzzle 76

	4	8	6			7	3	
					7	8	6	
			2		4	1		
	1			6		3	2	8
7	8			4	2		5	
6					8			9
	5	2					8	3
8				2	9		1	
								6

Puzzle 77

1				5	7	6		
4	8	9			6	5	7	
		7						
	5			9				
			2	8	5		1	7
2				6		4		
			5	2			6	
						2		8
	9	2	1			7		

Puzzle 78

7	6	5	1					9
	9			3		2		
				5				
	2	9		7	4			
		6						7
					1		8	
5		1	8	4	6			2
9					5			6
		8		9		4		5

Puzzle 79

		2	5		6		8	
6		8	1			5		4
	5							
			9	6			1	
5			2			7		
9						2	4	
	4	7	6		2	9		1
		5					6	
2	9					4	3	7

Puzzle 80

		6				2		5
7								
	1	3	8	5			6	
	2	8		7				6
9				2	1		8	
6	7		9		5			
5			2		8		7	
				9	4			
		7		1			9	

Puzzle 81

5		8		4	2			1
	2	7			5	4		
4	3		9	1				8
							1	6
	5		8	7				
8			1		6			9
7	6	5		9				
				2	3	1		
2		3	7				4	

Puzzle 82

					6			
		2	1				5	3
7				8				
	6	7					2	
4				5	2			
8			3	6			4	
	1	4					7	8
					9		6	
	3	6		7		4		9

Puzzle 83

2		5	7			3		
		9	3				1	
1	3	6			5	8	7	2
5	1		6				3	
	7	8	1		4		2	9
	9			3	7		5	
				7	6		4	1
8	5		9				6	
					3			

Puzzle 84

		8		3	1	2	5	4
	3			5				9
2		1	9	8	4			
		6		1		4		
		4	5	2		1		
	8				3			5
	4		3			5		
		5					8	
	1	3	6		5	9		

Puzzle 85

3						6		5
8				2	6		4	
						8		
4	3			6	5	7	2	8
		7			1			
5		6	2			4		
	5			7		2	6	
	7							4
		3	1			9		

Puzzle 86

					6	8		2
2	7	6		3				9
8	1		7	2		6		
	4		3		1	9	2	8
1			9	6				
9	2							1
7						3		
		4		9				
				7		2		5

Puzzle 87

2		8		1				
				9	3			8
	3				6		1	
	9		7	3	8	4		
8	5						9	
4	7					1	8	6
6	8	1				2		
					1	3	6	4
					9			

Puzzle 88

2	5		7					1
						9		
	9	4		3				
	2				7		1	
3			1			4		6
		1				8	9	
			2		4	1	6	
			6	8	3	7		
4		8				2	5	

Puzzle 89

		3	9				6	
	9			8		1		
6	7		1	3				5
3				2	6		5	
	5				3		7	
2	1				8		4	6
	3		8	6		7	1	
4			3		1			2
7			2		9	5		

Puzzle 90

						2		8
2	9	5	1					
4					2		5	7
	7				6	5	8	
		6		1				
					5		3	
		7		3				
	1	4	2	5				3
8		2	7				4	

Puzzle 91

			3		8		5	
		5	6					
8		3			7	6	1	
2		1					7	4
					1		9	
7	4	9		8		1		3
	9		2	6				5
	8			7	5			
	6		8	9	4		2	1

Puzzle 92

5	9			3				
	4				5		1	3
3			4	1	9			
		5					6	
6	3							
2				9	6	1		4
					3			
1	6			2		5		
8	2	9	1				7	

Puzzle 93

5	2		7		3	8	6	9
1						5		3
		9		5	8		7	
3	9	5	1		7	6		
	6	1		4			3	
			3					
9								
	7	3	5	6			1	
4	1		2		9			6

Puzzle 94

2	4			9		8	7	
	8			5		1		
	1			3				9
5			8					
		8			5	9		1
		7				4	5	
	5	2	9	4				
4	3				6	7	9	
6			1		3			4

Puzzle 95

		5	2		4			
6	2	7				4	5	1
	8		1			9		
1			7	8	3	2		
3	9				5		6	
5	3	4	6		8			
							7	4
					1			8

Puzzle 96

6				2				
		7		9			4	1
		4	3				7	
		8	7			1		
3			1					4
			2	4	6	8		
7	4		6		3			8
	9				2			
	1	6		7			5	

Puzzle 97

1	6	9					3	2
2		8			3	7		
4	7			6				
3		5						
				7	1		6	
		7				5		1
5			2					9
7		6		3	5		1	
	3	2	4	1				

Puzzle 98

		7	3	1		6		4
	6	4			8	3		1
				7		5		
	7	2	1	8			6	
	1		9		6		5	2
4		6						
	2	3			7		8	
					9	1	4	
6	4	9				2		

Puzzle 99

	7	1	8					5
	8	6			1			9
8								
7			9	3		8	1	6
	1					5		4
5	9			2	3		4	
1					5	6	2	
					8		5	7

Puzzle 100

4	6	7	8					
	2	9	6			3		
					9	4	2	
							1	7
			4				3	5
9	7		2					4
5	8			4			6	
			5					1
		2						

Puzzle 1

3	2	8	9	1	4	6	5	7
1	4	6	7	5	3	2	9	8
9	7	5	2	8	6	1	4	3
7	8	3	4	2	1	9	6	5
6	5	1	3	9	8	7	2	4
2	9	4	6	7	5	3	8	1
8	3	2	5	6	7	4	1	9
4	1	9	8	3	2	5	7	6
5	6	7	1	4	9	8	3	2

Puzzle 2

9	6	7	1	4	8	2	3	5
4	2	8	7	5	3	9	6	1
3	5	1	2	9	6	4	8	7
8	7	4	9	2	1	6	5	3
2	3	6	5	8	7	1	9	4
1	9	5	6	3	4	7	2	8
5	4	2	3	7	9	8	1	6
7	1	3	8	6	2	5	4	9
6	8	9	4	1	5	3	7	2

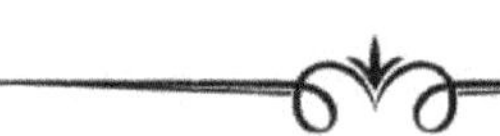

Puzzle 3

6	2	1	7	8	4	9	3	5
3	9	4	5	1	6	8	2	7
8	7	5	2	3	9	4	1	6
9	1	2	4	7	3	5	6	8
5	6	8	9	2	1	3	7	4
4	3	7	6	5	8	1	9	2
7	5	3	8	9	2	6	4	1
2	4	9	1	6	5	7	8	3
1	8	6	3	4	7	2	5	9

Puzzle 4

4	9	6	8	7	5	3	1	2
3	7	2	9	1	4	6	5	8
5	8	1	6	2	3	7	4	9
2	4	8	1	5	6	9	3	7
9	1	5	2	3	7	4	8	6
6	3	7	4	8	9	1	2	5
1	6	3	5	9	2	8	7	4
7	5	9	3	4	8	2	6	1
8	2	4	7	6	1	5	9	3

Puzzle 5

5	1	2	4	7	3	6	8	9
9	4	7	6	8	1	3	5	2
6	3	8	5	2	9	7	4	1
2	8	4	3	9	5	1	6	7
7	5	6	1	4	2	8	9	3
1	9	3	8	6	7	4	2	5
4	2	1	7	5	8	9	3	6
8	7	5	9	3	6	2	1	4
3	6	9	2	1	4	5	7	8

Puzzle 6

1	8	9	5	2	6	3	4	7
2	3	4	8	1	7	6	5	9
7	6	5	4	3	9	2	1	8
9	7	2	3	8	4	5	6	1
4	5	8	6	7	1	9	2	3
3	1	6	2	9	5	7	8	4
5	9	3	1	4	2	8	7	6
6	4	7	9	5	8	1	3	2
8	2	1	7	6	3	4	9	5

Puzzle 7

5	4	1	6	2	3	9	8	7
3	8	2	7	9	4	1	6	5
7	9	6	8	5	1	2	4	3
1	5	3	2	7	8	6	9	4
8	2	7	4	6	9	3	5	1
9	6	4	1	3	5	8	7	2
6	1	5	9	4	2	7	3	8
2	3	9	5	8	7	4	1	6
4	7	8	3	1	6	5	2	9

Puzzle 8

6	1	4	9	7	3	2	5	8
7	3	2	8	6	5	9	4	1
8	5	9	1	2	4	7	6	3
9	8	3	4	5	7	1	2	6
1	6	7	2	3	9	4	8	5
4	2	5	6	1	8	3	9	7
3	9	6	7	8	2	5	1	4
2	7	8	5	4	1	6	3	9
5	4	1	3	9	6	8	7	2

Puzzle 9

8	5	2	6	1	4	9	7	3
7	6	4	5	9	3	8	2	1
3	1	9	7	2	8	4	5	6
1	7	8	3	4	5	2	6	9
6	9	3	1	7	2	5	4	8
2	4	5	8	6	9	1	3	7
9	8	7	4	5	6	3	1	2
4	3	1	2	8	7	6	9	5
5	2	6	9	3	1	7	8	4

Puzzle 10

3	4	6	2	7	8	9	5	1
7	2	8	9	1	5	4	6	3
1	9	5	4	6	3	7	8	2
4	6	7	3	8	2	1	9	5
5	8	2	1	9	7	3	4	6
9	1	3	5	4	6	2	7	8
6	7	4	8	2	1	5	3	9
8	5	1	7	3	9	6	2	4
2	3	9	6	5	4	8	1	7

Puzzle 11

8	4	5	7	2	1	6	9	3
3	1	6	9	4	5	8	2	7
9	2	7	8	3	6	5	4	1
4	5	8	6	1	2	7	3	9
1	7	3	5	9	8	4	6	2
6	9	2	3	7	4	1	8	5
2	6	9	4	5	7	3	1	8
7	8	1	2	6	3	9	5	4
5	3	4	1	8	9	2	7	6

Puzzle 12

5	7	9	1	4	8	2	3	6
4	3	6	5	9	2	7	8	1
8	1	2	6	3	7	4	9	5
3	8	1	7	2	5	6	4	9
7	9	4	8	6	3	5	1	2
6	2	5	4	1	9	3	7	8
2	6	8	3	7	1	9	5	4
1	4	7	9	5	6	8	2	3
9	5	3	2	8	4	1	6	7

Puzzle 13

4	1	3	7	8	2	9	6	5
5	2	7	9	6	3	8	4	1
9	6	8	4	5	1	2	7	3
7	5	1	2	3	8	4	9	6
6	3	9	5	4	7	1	8	2
2	8	4	6	1	9	5	3	7
1	9	6	3	2	4	7	5	8
8	7	5	1	9	6	3	2	4
3	4	2	8	7	5	6	1	9

Puzzle 14

5	4	9	8	2	6	7	3	1
6	1	3	7	5	4	2	8	9
8	7	2	9	1	3	5	4	6
3	9	5	2	8	1	6	7	4
1	6	4	3	7	9	8	2	5
2	8	7	6	4	5	1	9	3
7	5	1	4	9	8	3	6	2
4	2	6	5	3	7	9	1	8
9	3	8	1	6	2	4	5	7

Puzzle 15

5	6	3	4	9	2	7	8	1
7	4	8	1	6	3	9	5	2
2	9	1	5	7	8	6	4	3
8	1	5	6	2	7	4	3	9
4	3	7	9	8	5	1	2	6
6	2	9	3	1	4	5	7	8
3	7	6	2	5	1	8	9	4
9	5	4	8	3	6	2	1	7
1	8	2	7	4	9	3	6	5

Puzzle 16

8	4	3	6	1	2	9	5	7
1	6	9	7	3	5	4	8	2
5	7	2	8	9	4	3	6	1
2	1	4	9	5	7	6	3	8
7	5	8	1	6	3	2	4	9
3	9	6	4	2	8	7	1	5
6	2	7	5	4	1	8	9	3
4	3	1	2	8	9	5	7	6
9	8	5	3	7	6	1	2	4

Puzzle 17

8	6	1	9	7	4	2	5	3
3	5	9	6	8	2	4	7	1
4	2	7	5	3	1	6	8	9
1	9	4	7	6	8	5	3	2
6	8	3	2	1	5	9	4	7
5	7	2	4	9	3	1	6	8
9	4	8	3	2	6	7	1	5
7	3	6	1	5	9	8	2	4
2	1	5	8	4	7	3	9	6

Puzzle 18

1	9	2	8	7	6	3	4	5
3	7	5	9	1	4	2	6	8
8	6	4	3	5	2	7	9	1
4	3	1	6	9	7	8	5	2
7	5	9	2	3	8	4	1	6
6	2	8	1	4	5	9	3	7
5	1	3	7	2	9	6	8	4
9	8	7	4	6	1	5	2	3
2	4	6	5	8	3	1	7	9

Puzzle 19

9	1	5	6	3	7	8	4	2
6	7	4	8	9	2	5	3	1
8	2	3	4	5	1	6	9	7
7	6	2	3	1	8	9	5	4
3	4	9	5	2	6	7	1	8
1	5	8	9	7	4	3	2	6
2	9	6	1	8	5	4	7	3
4	3	1	7	6	9	2	8	5
5	8	7	2	4	3	1	6	9

Puzzle 20

9	4	7	2	1	5	3	6	8
6	1	3	4	9	8	5	2	7
8	2	5	3	6	7	4	1	9
1	6	4	7	3	9	2	8	5
3	8	9	5	2	1	6	7	4
5	7	2	8	4	6	9	3	1
2	3	1	9	8	4	7	5	6
7	9	6	1	5	3	8	4	2
4	5	8	6	7	2	1	9	3

Puzzle 21

2	4	3	8	9	6	7	5	1
5	6	8	1	7	3	9	2	4
9	1	7	2	4	5	3	8	6
6	9	4	3	5	8	1	7	2
1	7	2	9	6	4	5	3	8
8	3	5	7	1	2	4	6	9
4	2	9	6	3	7	8	1	5
7	8	1	5	2	9	6	4	3
3	5	6	4	8	1	2	9	7

Puzzle 22

9	4	6	1	5	2	7	3	8
7	1	5	8	3	9	4	6	2
8	3	2	4	6	7	1	5	9
5	2	7	9	1	3	6	8	4
4	6	8	2	7	5	3	9	1
1	9	3	6	4	8	2	7	5
3	7	4	5	8	1	9	2	6
2	8	1	7	9	6	5	4	3
6	5	9	3	2	4	8	1	7

Puzzle 23

2	1	5	9	8	3	4	7	6
9	6	4	7	5	1	8	2	3
7	8	3	4	2	6	5	9	1
8	9	6	3	1	5	7	4	2
3	2	7	8	6	4	1	5	9
4	5	1	2	9	7	6	3	8
5	3	8	6	7	9	2	1	4
6	7	9	1	4	2	3	8	5
1	4	2	5	3	8	9	6	7

Puzzle 24

7	3	9	2	4	5	8	6	1
6	2	5	8	1	9	7	3	4
8	1	4	7	6	3	5	2	9
1	6	3	9	5	4	2	7	8
9	5	8	1	2	7	6	4	3
2	4	7	6	3	8	9	1	5
4	9	6	3	8	2	1	5	7
3	8	2	5	7	1	4	9	6
5	7	1	4	9	6	3	8	2

Puzzle 25

9	6	5	7	4	8	1	2	3
2	1	3	9	5	6	8	7	4
8	7	4	2	1	3	6	5	9
7	3	6	5	8	1	4	9	2
4	8	2	3	9	7	5	6	1
5	9	1	6	2	4	3	8	7
1	4	9	8	7	5	2	3	6
6	2	8	4	3	9	7	1	5
3	5	7	1	6	2	9	4	8

Puzzle 26

2	5	4	7	1	9	6	8	3
3	1	8	6	2	5	4	7	9
9	7	6	4	3	8	1	5	2
5	4	2	1	9	3	7	6	8
8	6	3	5	7	4	2	9	1
7	9	1	8	6	2	3	4	5
4	2	7	9	5	1	8	3	6
1	8	5	3	4	6	9	2	7
6	3	9	2	8	7	5	1	4

Puzzle 27

8	2	3	5	7	1	9	4	6
7	6	4	9	3	8	5	2	1
9	1	5	6	4	2	3	7	8
2	8	7	1	6	5	4	9	3
4	9	6	3	8	7	1	5	2
3	5	1	2	9	4	6	8	7
1	7	9	4	2	6	8	3	5
5	4	8	7	1	3	2	6	9
6	3	2	8	5	9	7	1	4

Puzzle 28

2	7	1	8	4	6	5	9	3
9	3	4	5	7	2	6	8	1
6	5	8	1	9	3	2	7	4
1	8	7	3	2	4	9	6	5
4	6	9	7	5	1	3	2	8
5	2	3	6	8	9	4	1	7
8	9	5	4	6	7	1	3	2
3	4	6	2	1	8	7	5	9
7	1	2	9	3	5	8	4	6

Puzzle 29

3	5	1	8	4	9	7	6	2
8	2	4	6	5	7	3	1	9
7	9	6	2	3	1	8	4	5
9	7	8	5	1	2	6	3	4
2	1	5	3	6	4	9	7	8
6	4	3	7	9	8	2	5	1
1	6	7	9	2	5	4	8	3
4	8	9	1	7	3	5	2	6
5	3	2	4	8	6	1	9	7

Puzzle 30

6	2	5	4	8	9	3	7	1
3	1	7	6	5	2	8	9	4
9	8	4	3	1	7	2	6	5
4	5	6	2	3	1	7	8	9
1	7	9	8	6	4	5	2	3
2	3	8	9	7	5	4	1	6
7	9	3	5	2	6	1	4	8
8	6	1	7	4	3	9	5	2
5	4	2	1	9	8	6	3	7

Puzzle 31

8	5	3	1	4	6	9	7	2
7	6	2	8	3	9	5	1	4
9	1	4	7	2	5	8	6	3
3	8	5	6	1	7	4	2	9
6	4	1	9	5	2	3	8	7
2	7	9	3	8	4	1	5	6
5	2	6	4	9	1	7	3	8
4	3	7	5	6	8	2	9	1
1	9	8	2	7	3	6	4	5

Puzzle 32

5	6	8	7	1	4	9	3	2
4	9	3	6	2	8	5	7	1
2	7	1	9	3	5	8	4	6
1	2	5	4	9	7	6	8	3
6	3	4	8	5	2	1	9	7
7	8	9	3	6	1	4	2	5
9	4	2	5	7	6	3	1	8
8	1	6	2	4	3	7	5	9
3	5	7	1	8	9	2	6	4

Puzzle 33

4	5	6	3	7	9	1	8	2
7	2	8	1	6	5	4	9	3
1	3	9	4	2	8	7	6	5
8	9	7	5	4	3	2	1	6
2	6	1	9	8	7	5	3	4
5	4	3	2	1	6	9	7	8
9	1	4	6	3	2	8	5	7
3	8	5	7	9	4	6	2	1
6	7	2	8	5	1	3	4	9

Puzzle 34

6	8	5	9	4	1	3	7	2
2	9	4	7	8	3	1	6	5
7	3	1	5	6	2	8	9	4
4	5	3	8	2	7	6	1	9
9	2	8	4	1	6	5	3	7
1	7	6	3	5	9	4	2	8
5	6	7	2	3	8	9	4	1
8	1	2	6	9	4	7	5	3
3	4	9	1	7	5	2	8	6

Puzzle 35

7	1	5	4	9	2	8	6	3
3	9	8	5	1	6	2	4	7
4	6	2	8	3	7	5	1	9
9	2	4	6	5	1	7	3	8
5	7	1	3	2	8	4	9	6
8	3	6	7	4	9	1	2	5
2	8	9	1	6	5	3	7	4
6	4	7	2	8	3	9	5	1
1	5	3	9	7	4	6	8	2

Puzzle 36

6	8	3	5	2	9	4	1	7
2	1	9	8	7	4	3	5	6
4	5	7	1	3	6	2	8	9
8	3	2	7	5	1	9	6	4
1	9	5	6	4	2	8	7	3
7	6	4	9	8	3	1	2	5
9	2	6	3	1	5	7	4	8
3	4	8	2	6	7	5	9	1
5	7	1	4	9	8	6	3	2

Puzzle 37

4	7	9	1	5	3	2	8	6
1	3	2	9	8	6	7	4	5
5	8	6	2	4	7	9	1	3
2	5	4	7	6	9	1	3	8
7	1	3	4	2	8	5	6	9
9	6	8	5	3	1	4	7	2
6	4	1	3	9	2	8	5	7
3	9	5	8	7	4	6	2	1
8	2	7	6	1	5	3	9	4

Puzzle 38

9	4	5	6	7	3	8	1	2
1	2	7	5	4	8	3	6	9
8	6	3	1	2	9	5	7	4
5	8	6	4	9	7	2	3	1
2	7	9	3	1	5	4	8	6
3	1	4	8	6	2	9	5	7
4	3	2	7	8	6	1	9	5
7	5	1	9	3	4	6	2	8
6	9	8	2	5	1	7	4	3

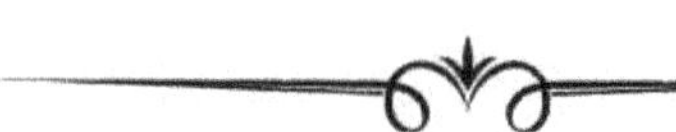

Puzzle 39

7	6	9	1	3	4	8	2	5
1	2	4	5	7	8	6	9	3
3	5	8	2	6	9	4	7	1
2	3	5	8	4	1	9	6	7
9	7	6	3	5	2	1	8	4
8	4	1	7	9	6	3	5	2
5	9	2	4	8	3	7	1	6
4	8	7	6	1	5	2	3	9
6	1	3	9	2	7	5	4	8

Puzzle 40

1	3	4	7	8	2	9	6	5
8	9	7	4	5	6	3	1	2
6	2	5	9	3	1	8	7	4
2	5	8	1	9	7	6	4	3
7	6	9	3	4	8	2	5	1
3	4	1	6	2	5	7	9	8
9	8	6	5	1	3	4	2	7
4	1	2	8	7	9	5	3	6
5	7	3	2	6	4	1	8	9

Puzzle 41

1	8	5	2	7	4	9	3	6
3	2	6	1	9	8	5	7	4
9	4	7	3	5	6	1	2	8
6	9	2	7	8	5	4	1	3
4	1	8	9	2	3	7	6	5
7	5	3	4	6	1	8	9	2
2	6	4	5	1	7	3	8	9
5	7	9	8	3	2	6	4	1
8	3	1	6	4	9	2	5	7

Puzzle 42

6	5	4	8	7	9	3	1	2
3	8	9	4	2	1	7	5	6
2	1	7	3	5	6	9	4	8
5	9	8	1	4	7	2	6	3
7	3	2	6	8	5	4	9	1
4	6	1	9	3	2	8	7	5
9	7	5	2	1	8	6	3	4
8	4	6	5	9	3	1	2	7
1	2	3	7	6	4	5	8	9

Puzzle 43

8	6	9	3	5	4	1	2	7
3	7	1	2	8	6	5	4	9
2	4	5	9	7	1	6	8	3
1	2	6	5	4	7	9	3	8
7	8	3	1	2	9	4	5	6
5	9	4	6	3	8	7	1	2
9	5	8	7	1	2	3	6	4
6	3	2	4	9	5	8	7	1
4	1	7	8	6	3	2	9	5

Puzzle 44

6	5	1	3	8	9	7	2	4
8	3	4	6	2	7	5	1	9
7	9	2	4	5	1	3	6	8
2	1	5	9	3	6	8	4	7
3	7	6	8	4	5	2	9	1
4	8	9	7	1	2	6	5	3
9	2	3	5	7	4	1	8	6
5	4	8	1	6	3	9	7	2
1	6	7	2	9	8	4	3	5

Puzzle 45

1	2	9	5	3	6	7	8	4
5	8	3	7	4	2	6	1	9
7	4	6	1	9	8	2	5	3
4	6	1	2	7	3	5	9	8
9	3	8	6	5	4	1	2	7
2	5	7	8	1	9	4	3	6
6	1	5	9	8	7	3	4	2
3	9	2	4	6	5	8	7	1
8	7	4	3	2	1	9	6	5

Puzzle 46

6	9	3	2	8	4	5	1	7
2	1	5	7	9	3	6	8	4
4	8	7	6	1	5	2	3	9
1	3	2	5	4	8	9	7	6
9	7	4	3	6	1	8	5	2
5	6	8	9	2	7	3	4	1
7	5	6	4	3	9	1	2	8
3	2	1	8	7	6	4	9	5
8	4	9	1	5	2	7	6	3

Puzzle 47

6	1	5	2	9	4	7	3	8
7	2	9	8	3	6	4	5	1
8	3	4	1	5	7	6	9	2
5	4	6	7	1	9	8	2	3
1	8	2	6	4	3	5	7	9
9	7	3	5	2	8	1	6	4
2	6	7	9	8	1	3	4	5
4	9	8	3	6	5	2	1	7
3	5	1	4	7	2	9	8	6

Puzzle 48

6	3	2	9	1	5	8	4	7
5	8	7	3	2	4	1	6	9
4	9	1	8	7	6	3	2	5
2	4	8	1	9	3	5	7	6
7	1	9	5	6	2	4	8	3
3	5	6	4	8	7	9	1	2
9	6	4	7	3	1	2	5	8
1	7	3	2	5	8	6	9	4
8	2	5	6	4	9	7	3	1

Puzzle 49

4	8	5	2	9	1	3	6	7
7	2	6	8	3	4	5	9	1
9	3	1	6	5	7	8	4	2
2	7	8	1	4	3	6	5	9
5	4	3	9	6	2	7	1	8
6	1	9	5	7	8	4	2	3
8	5	4	3	2	9	1	7	6
1	6	2	7	8	5	9	3	4
3	9	7	4	1	6	2	8	5

Puzzle 50

2	9	5	4	7	6	1	3	8
8	3	1	5	9	2	6	4	7
7	4	6	1	3	8	5	2	9
6	2	3	9	8	5	4	7	1
1	8	7	3	2	4	9	6	5
9	5	4	7	6	1	2	8	3
3	1	8	2	4	9	7	5	6
5	7	2	6	1	3	8	9	4
4	6	9	8	5	7	3	1	2

Puzzle 51

5	4	2	6	7	3	9	1	8
3	8	9	4	5	1	6	2	7
1	6	7	8	2	9	3	5	4
6	9	5	7	1	8	4	3	2
8	7	1	2	3	4	5	9	6
4	2	3	5	9	6	8	7	1
9	5	4	1	8	7	2	6	3
7	3	8	9	6	2	1	4	5
2	1	6	3	4	5	7	8	9

Puzzle 52

8	2	6	7	9	5	1	4	3
9	3	4	1	8	2	6	5	7
5	1	7	6	4	3	9	8	2
2	5	3	8	6	7	4	1	9
6	8	1	9	3	4	2	7	5
7	4	9	2	5	1	8	3	6
1	9	5	4	7	6	3	2	8
3	6	2	5	1	8	7	9	4
4	7	8	3	2	9	5	6	1

Puzzle 53

1	7	3	8	5	9	2	4	6
2	9	4	6	3	7	1	8	5
6	8	5	2	1	4	7	9	3
5	3	7	1	9	6	8	2	4
4	6	2	5	7	8	3	1	9
8	1	9	3	4	2	6	5	7
7	2	1	9	6	5	4	3	8
9	4	8	7	2	3	5	6	1
3	5	6	4	8	1	9	7	2

Puzzle 54

9	2	3	7	1	8	5	4	6
8	5	6	9	2	4	3	7	1
7	1	4	5	3	6	9	2	8
1	8	5	3	4	2	6	9	7
4	7	2	8	6	9	1	5	3
3	6	9	1	7	5	4	8	2
2	3	8	4	5	1	7	6	9
6	4	1	2	9	7	8	3	5
5	9	7	6	8	3	2	1	4

Puzzle 55

9	2	7	3	8	5	1	4	6
1	3	4	6	9	2	8	5	7
8	5	6	4	1	7	2	3	9
7	8	9	1	5	6	3	2	4
4	6	2	8	7	3	5	9	1
5	1	3	9	2	4	7	6	8
6	7	8	2	3	9	4	1	5
2	9	5	7	4	1	6	8	3
3	4	1	5	6	8	9	7	2

Puzzle 56

3	6	8	9	7	5	4	2	1
4	5	7	3	2	1	6	9	8
1	9	2	4	6	8	5	7	3
7	3	6	2	5	9	1	8	4
9	8	5	1	4	6	7	3	2
2	1	4	8	3	7	9	6	5
8	4	1	7	9	2	3	5	6
6	2	9	5	1	3	8	4	7
5	7	3	6	8	4	2	1	9

Puzzle 57

2	4	3	9	8	6	7	1	5
5	9	8	2	1	7	6	3	4
6	7	1	5	3	4	2	8	9
4	8	6	1	2	9	3	5	7
9	3	2	7	5	8	1	4	6
1	5	7	4	6	3	8	9	2
7	1	5	8	9	2	4	6	3
3	2	9	6	4	1	5	7	8
8	6	4	3	7	5	9	2	1

Puzzle 58

2	8	1	3	4	7	9	6	5
5	6	3	8	9	2	4	7	1
9	7	4	5	1	6	3	2	8
4	1	2	9	6	5	8	3	7
6	5	9	7	8	3	1	4	2
7	3	8	4	2	1	6	5	9
8	2	7	6	3	9	5	1	4
1	9	6	2	5	4	7	8	3
3	4	5	1	7	8	2	9	6

Puzzle 59

9	6	7	2	8	4	5	1	3
5	3	2	6	1	9	8	4	7
1	8	4	3	5	7	2	6	9
4	5	8	1	9	3	7	2	6
6	9	1	8	7	2	4	3	5
7	2	3	5	4	6	1	9	8
3	4	5	9	2	8	6	7	1
8	7	9	4	6	1	3	5	2
2	1	6	7	3	5	9	8	4

Puzzle 60

3	6	7	8	4	2	5	1	9
9	8	4	1	5	3	6	2	7
1	5	2	6	9	7	3	8	4
8	3	9	4	2	6	7	5	1
2	4	6	5	7	1	9	3	8
7	1	5	9	3	8	4	6	2
5	7	8	2	6	9	1	4	3
6	2	3	7	1	4	8	9	5
4	9	1	3	8	5	2	7	6

Puzzle 61

2	5	9	3	4	6	7	1	8
7	8	3	1	9	5	2	4	6
6	4	1	7	2	8	3	5	9
8	2	6	5	3	1	9	7	4
3	7	5	4	6	9	1	8	2
9	1	4	8	7	2	5	6	3
5	6	7	9	8	3	4	2	1
1	9	2	6	5	4	8	3	7
4	3	8	2	1	7	6	9	5

Puzzle 62

6	8	1	5	2	7	9	4	3
9	5	2	4	1	3	7	6	8
4	7	3	9	8	6	1	5	2
7	9	5	6	3	8	4	2	1
2	4	8	1	7	9	6	3	5
1	3	6	2	4	5	8	9	7
3	2	9	7	6	1	5	8	4
5	1	4	8	9	2	3	7	6
8	6	7	3	5	4	2	1	9

Puzzle 63

6	8	9	1	2	4	7	3	5
1	5	7	3	9	8	4	2	6
3	4	2	7	6	5	8	9	1
5	6	8	2	4	3	1	7	9
4	7	1	6	5	9	2	8	3
9	2	3	8	7	1	5	6	4
2	3	5	4	8	6	9	1	7
8	9	6	5	1	7	3	4	2
7	1	4	9	3	2	6	5	8

Puzzle 64

3	8	5	7	4	1	9	6	2
4	6	7	2	9	3	1	5	8
9	1	2	5	6	8	4	3	7
8	3	9	1	5	7	2	4	6
5	2	1	4	8	6	7	9	3
6	7	4	9	3	2	5	8	1
1	9	3	8	7	5	6	2	4
2	4	6	3	1	9	8	7	5
7	5	8	6	2	4	3	1	9

Puzzle 65

1	3	2	6	5	7	9	8	4
6	5	8	9	4	3	2	7	1
9	4	7	1	2	8	5	3	6
4	7	3	8	1	5	6	9	2
2	9	6	3	7	4	8	1	5
8	1	5	2	6	9	3	4	7
7	8	1	5	9	6	4	2	3
3	6	4	7	8	2	1	5	9
5	2	9	4	3	1	7	6	8

Puzzle 66

4	5	6	7	9	8	1	2	3
9	8	1	5	2	3	4	6	7
3	7	2	6	1	4	5	8	9
2	3	8	1	4	7	6	9	5
7	4	5	2	6	9	8	3	1
1	6	9	8	3	5	2	7	4
8	1	3	4	7	6	9	5	2
5	2	7	9	8	1	3	4	6
6	9	4	3	5	2	7	1	8

Puzzle 67

1	5	3	4	9	6	7	2	8
4	8	7	3	1	2	5	9	6
6	2	9	7	8	5	4	3	1
8	9	5	1	6	3	2	4	7
2	6	4	9	5	7	8	1	3
3	7	1	8	2	4	9	6	5
5	4	8	2	3	1	6	7	9
7	3	6	5	4	9	1	8	2
9	1	2	6	7	8	3	5	4

Puzzle 68

7	5	1	3	2	4	9	6	8
8	2	4	9	6	7	1	3	5
9	3	6	5	1	8	7	2	4
5	1	7	8	3	2	6	4	9
6	4	8	7	9	1	3	5	2
2	9	3	4	5	6	8	7	1
4	8	2	1	7	3	5	9	6
3	6	9	2	8	5	4	1	7
1	7	5	6	4	9	2	8	3

Puzzle 69

3	2	4	6	5	7	9	1	8
5	8	7	9	1	4	3	2	6
9	6	1	3	2	8	4	5	7
2	7	3	4	8	1	6	9	5
8	1	9	5	6	3	7	4	2
4	5	6	7	9	2	8	3	1
1	4	2	8	7	9	5	6	3
6	9	8	1	3	5	2	7	4
7	3	5	2	4	6	1	8	9

Puzzle 70

9	2	4	7	5	3	6	8	1
7	8	6	2	9	1	3	5	4
3	5	1	4	8	6	2	9	7
4	9	2	3	6	5	7	1	8
8	1	7	9	2	4	5	6	3
5	6	3	8	1	7	9	4	2
2	4	5	6	3	8	1	7	9
1	7	9	5	4	2	8	3	6
6	3	8	1	7	9	4	2	5

Puzzle 71

4	2	6	5	9	1	7	3	8
7	9	5	4	8	3	2	6	1
1	3	8	7	2	6	9	4	5
9	8	7	2	4	5	3	1	6
2	6	4	1	3	8	5	7	9
5	1	3	6	7	9	8	2	4
6	7	2	9	5	4	1	8	3
8	4	9	3	1	2	6	5	7
3	5	1	8	6	7	4	9	2

Puzzle 72

3	7	2	4	1	8	5	6	9
1	8	9	3	5	6	4	7	2
4	5	6	7	2	9	3	1	8
6	9	1	8	3	4	7	2	5
8	4	5	2	6	7	1	9	3
7	2	3	1	9	5	6	8	4
9	3	4	6	8	1	2	5	7
5	1	7	9	4	2	8	3	6
2	6	8	5	7	3	9	4	1

Puzzle 73

1	5	8	2	4	7	9	3	6
7	2	9	8	6	3	1	4	5
6	3	4	9	1	5	8	2	7
4	1	2	6	8	9	5	7	3
9	7	5	3	2	4	6	1	8
8	6	3	5	7	1	4	9	2
5	8	1	7	9	2	3	6	4
3	9	7	4	5	6	2	8	1
2	4	6	1	3	8	7	5	9

Puzzle 74

7	3	4	6	8	2	5	1	9
1	5	6	3	7	9	4	8	2
2	8	9	5	1	4	6	3	7
8	2	5	1	3	6	9	7	4
9	6	3	4	2	7	1	5	8
4	7	1	9	5	8	2	6	3
6	4	8	7	9	5	3	2	1
5	1	7	2	4	3	8	9	6
3	9	2	8	6	1	7	4	5

Puzzle 75

2	8	1	4	7	5	3	6	9
7	6	5	3	9	1	8	2	4
4	9	3	8	2	6	5	7	1
5	2	6	7	1	3	9	4	8
3	7	8	9	5	4	6	1	2
9	1	4	2	6	8	7	5	3
6	3	2	5	4	9	1	8	7
8	5	7	1	3	2	4	9	6
1	4	9	6	8	7	2	3	5

Puzzle 76

5	4	8	6	9	1	7	3	2
2	9	1	5	3	7	8	6	4
3	6	7	2	8	4	1	9	5
9	1	4	7	6	5	3	2	8
7	8	3	9	4	2	6	5	1
6	2	5	3	1	8	4	7	9
4	5	2	1	7	6	9	8	3
8	3	6	4	2	9	5	1	7
1	7	9	8	5	3	2	4	6

Puzzle 77

1	2	3	9	5	7	6	8	4
4	8	9	3	1	6	5	7	2
5	6	7	8	4	2	9	3	1
7	5	1	4	9	3	8	2	6
9	4	6	2	8	5	3	1	7
2	3	8	7	6	1	4	5	9
8	7	4	5	2	9	1	6	3
3	1	5	6	7	4	2	9	8
6	9	2	1	3	8	7	4	5

Puzzle 78

7	6	5	1	2	8	3	4	9
1	9	4	6	3	7	2	5	8
2	8	3	4	5	9	6	7	1
8	2	9	5	7	4	1	6	3
4	1	6	9	8	3	5	2	7
3	5	7	2	6	1	9	8	4
5	3	1	8	4	6	7	9	2
9	4	2	7	1	5	8	3	6
6	7	8	3	9	2	4	1	5

Puzzle 79

4	3	2	5	7	6	1	8	9
6	7	8	1	9	3	5	2	4
1	5	9	4	2	8	6	7	3
7	2	4	9	6	5	3	1	8
5	8	3	2	1	4	7	9	6
9	6	1	3	8	7	2	4	5
8	4	7	6	3	2	9	5	1
3	1	5	7	4	9	8	6	2
2	9	6	8	5	1	4	3	7

Puzzle 80

8	9	6	3	4	7	2	1	5
7	5	2	1	6	9	8	4	3
4	1	3	8	5	2	7	6	9
1	2	8	4	7	3	9	5	6
9	3	5	6	2	1	4	8	7
6	7	4	9	8	5	1	3	2
5	4	9	2	3	8	6	7	1
3	6	1	7	9	4	5	2	8
2	8	7	5	1	6	3	9	4

Puzzle 81

Puzzle 82

5	9	8	3	4	2	6	7	1
1	2	7	6	8	5	4	9	3
4	3	6	9	1	7	5	2	8
3	7	9	2	5	4	8	1	6
6	5	1	8	7	9	2	3	4
8	4	2	1	3	6	7	5	9
7	6	5	4	9	1	3	8	2
9	8	4	5	2	3	1	6	7
2	1	3	7	6	8	9	4	5

1	5	9	7	3	6	2	8	4
6	8	2	1	9	4	7	5	3
7	4	3	2	8	5	1	9	6
3	6	7	9	4	1	8	2	5
4	9	1	8	5	2	6	3	7
8	2	5	3	6	7	9	4	1
9	1	4	6	2	3	5	7	8
5	7	8	4	1	9	3	6	2
2	3	6	5	7	8	4	1	9

Puzzle 83

Puzzle 84

2	4	5	7	1	8	3	9	6
7	8	9	3	6	2	4	1	5
1	3	6	4	9	5	8	7	2
5	1	2	6	8	9	7	3	4
3	7	8	1	5	4	6	2	9
6	9	4	2	3	7	1	5	8
9	2	3	8	7	6	5	4	1
8	5	7	9	4	1	2	6	3
4	6	1	5	2	3	9	8	7

9	6	8	7	3	1	2	5	4
4	3	7	2	5	6	8	1	9
2	5	1	9	8	4	6	3	7
5	2	6	8	1	7	4	9	3
3	7	4	5	2	9	1	6	8
1	8	9	4	6	3	7	2	5
6	4	2	3	9	8	5	7	1
7	9	5	1	4	2	3	8	6
8	1	3	6	7	5	9	4	2

Puzzle 85

3	2	9	8	1	4	6	7	5
8	1	5	7	2	6	3	4	9
7	6	4	5	9	3	8	1	2
4	3	1	9	6	5	7	2	8
2	8	7	3	4	1	5	9	6
5	9	6	2	8	7	4	3	1
1	5	8	4	7	9	2	6	3
9	7	2	6	3	8	1	5	4
6	4	3	1	5	2	9	8	7

Puzzle 86

4	3	9	5	1	6	8	7	2
2	7	6	4	3	8	1	5	9
8	1	5	7	2	9	6	4	3
6	4	7	3	5	1	9	2	8
1	5	8	9	6	2	4	3	7
9	2	3	8	4	7	5	6	1
7	6	2	1	8	5	3	9	4
5	8	4	2	9	3	7	1	6
3	9	1	6	7	4	2	8	5

Puzzle 87

2	6	8	4	1	5	9	3	7
5	1	7	2	9	3	6	4	8
9	3	4	8	7	6	5	1	2
1	9	6	7	3	8	4	2	5
8	5	2	1	6	4	7	9	3
4	7	3	9	5	2	1	8	6
6	8	1	3	4	7	2	5	9
7	2	9	5	8	1	3	6	4
3	4	5	6	2	9	8	7	1

Puzzle 88

2	5	3	7	4	9	6	8	1
7	8	6	5	1	2	9	3	4
1	9	4	8	3	6	5	7	2
8	2	9	4	6	7	3	1	5
3	7	5	1	9	8	4	2	6
6	4	1	3	2	5	8	9	7
9	3	7	2	5	4	1	6	8
5	1	2	6	8	3	7	4	9
4	6	8	9	7	1	2	5	3

Puzzle 89

1	2	3	9	5	7	4	6	8
5	9	4	6	8	2	1	3	7
6	7	8	1	3	4	9	2	5
3	4	9	7	2	6	8	5	1
8	5	6	4	1	3	2	7	9
2	1	7	5	9	8	3	4	6
9	3	2	8	6	5	7	1	4
4	8	5	3	7	1	6	9	2
7	6	1	2	4	9	5	8	3

Puzzle 90

7	6	1	5	4	3	2	9	8
2	9	5	1	8	7	3	6	4
4	8	3	6	9	2	1	5	7
3	7	9	4	2	6	5	8	1
5	4	6	3	1	8	7	2	9
1	2	8	9	7	5	4	3	6
9	5	7	8	3	4	6	1	2
6	1	4	2	5	9	8	7	3
8	3	2	7	6	1	9	4	5

Puzzle 91

9	1	6	3	2	8	4	5	7
4	7	5	6	1	9	2	3	8
8	2	3	4	5	7	6	1	9
2	5	1	9	3	6	8	7	4
6	3	8	7	4	1	5	9	2
7	4	9	5	8	2	1	6	3
1	9	4	2	6	3	7	8	5
3	8	2	1	7	5	9	4	6
5	6	7	8	9	4	3	2	1

Puzzle 92

5	9	1	6	3	7	4	8	2
7	4	6	2	8	5	9	1	3
3	8	2	4	1	9	6	5	7
9	1	5	3	4	2	7	6	8
6	3	4	8	7	1	2	9	5
2	7	8	5	9	6	1	3	4
4	5	7	9	6	3	8	2	1
1	6	3	7	2	8	5	4	9
8	2	9	1	5	4	3	7	6

Puzzle 93

5	2	4	7	1	3	8	6	9
1	8	7	6	9	2	5	4	3
6	3	9	4	5	8	2	7	1
3	9	5	1	2	7	6	8	4
8	6	1	9	4	5	7	3	2
7	4	2	3	8	6	1	9	5
9	5	6	8	3	1	4	2	7
2	7	3	5	6	4	9	1	8
4	1	8	2	7	9	3	5	6

Puzzle 94

2	4	3	6	9	1	8	7	5
9	8	6	7	5	4	1	2	3
7	1	5	2	3	8	6	4	9
5	6	4	8	1	9	2	3	7
3	2	8	4	7	5	9	6	1
1	9	7	3	6	2	4	5	8
8	5	2	9	4	7	3	1	6
4	3	1	5	8	6	7	9	2
6	7	9	1	2	3	5	8	4

Puzzle 95

9	1	5	2	6	4	7	8	3
6	2	7	8	3	9	4	5	1
4	8	3	1	5	7	9	2	6
1	5	6	7	8	3	2	4	9
3	9	2	4	1	5	8	6	7
7	4	8	9	2	6	3	1	5
5	3	4	6	7	8	1	9	2
8	6	1	3	9	2	5	7	4
2	7	9	5	4	1	6	3	8

Puzzle 96

6	5	1	4	2	7	3	8	9
2	3	7	5	9	8	6	4	1
9	8	4	3	6	1	5	7	2
4	2	8	7	3	5	1	9	6
3	6	5	1	8	9	7	2	4
1	7	9	2	4	6	8	3	5
7	4	2	6	5	3	9	1	8
5	9	3	8	1	2	4	6	7
8	1	6	9	7	4	2	5	3

Puzzle 97

1	6	9	7	5	4	8	3	2
2	5	8	1	9	3	7	4	6
4	7	3	8	6	2	1	9	5
3	1	5	6	2	9	4	8	7
8	2	4	5	7	1	9	6	3
6	9	7	3	4	8	5	2	1
5	4	1	2	8	6	3	7	9
7	8	6	9	3	5	2	1	4
9	3	2	4	1	7	6	5	8

Puzzle 98

8	5	7	3	1	2	6	9	4
2	6	4	5	9	8	3	7	1
9	3	1	6	7	4	5	2	8
5	7	2	1	8	3	4	6	9
3	1	8	9	4	6	7	5	2
4	9	6	7	2	5	8	1	3
1	2	3	4	6	7	9	8	5
7	8	5	2	3	9	1	4	6
6	4	9	8	5	1	2	3	7

Puzzle 99

3	7	1	8	4	9	2	6	5
4	5	9	3	6	2	7	8	1
2	8	6	5	7	1	4	3	9
8	6	4	1	5	7	3	9	2
7	2	5	9	3	4	8	1	6
9	1	3	2	8	6	5	7	4
5	9	7	6	2	3	1	4	8
1	4	8	7	9	5	6	2	3
6	3	2	4	1	8	9	5	7

Puzzle 100

4	6	7	8	3	2	1	5	9
1	2	9	6	5	4	3	7	8
3	5	8	1	7	9	4	2	6
2	4	5	3	6	8	9	1	7
8	1	6	4	9	7	2	3	5
9	7	3	2	1	5	6	8	4
5	8	1	9	4	3	7	6	2
7	3	4	5	2	6	8	9	1
6	9	2	7	8	1	5	4	3

www.ingramcontent.com/pod-product-compliance
Lightning Source LLC
Chambersburg PA
CBHW081336080526
44588CB00017B/2644

* 9 7 8 1 9 2 2 3 6 4 2 6 5 *